arc-en-ciel
cascade

Une journée au château fort

Texte de Philippe Barbeau
Illustrations de Thierry Nouveau

RAGEOT • ÉDITEUR

Collection dirigée par Caroline Westberg

ISBN 2-7002-3063-9
ISSN 1142-8252

Un château du Moyen Âge

Aujourd'hui, c'est le grand jour. Avec toute la classe nous allons passer la journée entière dans un château fort. La maîtresse nous a expliqué que nous allions vivre exactement comme les seigneurs du Moyen Âge.

Quand on descend du car, on découvre un énorme château, tout en haut d'une colline qui domine la vallée.

Un monsieur vient vers nous. Il porte un drôle de pantalon avec une jambe rouge et l'autre blanche, une longue veste de velours et un chapeau mou comme un gâteau à la crème.

– Bonjour gentes damoiselles et gentils damoiseaux ! dit-il en s'inclinant devant nous. Je me présente : Gontrand de Beaupavoi, treizième seigneur de Mortecourt. Si vous voulez bien me suivre à présent...

On est tellement impressionnés qu'on obéit tout de suite. On entre dans le château par un pont qui passe au-dessus d'un fossé plein d'eau.

Dès que nous sommes de l'autre côté, le seigneur s'approche d'une très grande roue. Il la tourne et, lentement, le pont se relève.

– Ceci est un pont-levis ! explique-t-il, il permet de se protéger des attaques en s'enfermant dans le château.

– Parce que vous avez des ennemis ? demande Charles, intéressé.

Le seigneur nous toise avec des yeux terribles et gronde :

– Il y en a quantité dans le pays, des affreux, des méchants, des barbares, des sanguinaires...

Nous nous regardons, inquiets. La maîtresse tente de nous rassurer d'un sourire. Le seigneur traverse la cour, pousse une porte et nous dit :

– Si vous voulez bien me suivre à présent…

On s'habille comme des seigneurs

– Et voici la salle des gardes, explique le seigneur. C'est là que les soldats se retrouvaient après avoir fait le guet sur le donjon et les remparts.

La salle est presque vide et elle résonne beaucoup.

Une grande table couverte de costumes se trouve devant une immense cheminée.

– Là ! Il y a un soldat vivant, s'exclame Léa.

On se retourne et on découvre un homme habillé tout en fer.

– Tu peux lui serrer la main si tu veux ! dit le seigneur.

Léa s'approche. Elle n'est pas vraiment rassurée. Au moment où elle saisit la main de l'homme de fer, il s'effondre dans un bruit terrifiant.

Léa est gênée mais le seigneur éclate de rire :

– Ne t'inquiète pas ! Les armures sont très solides. Les chevaliers en portaient pour

aller à la guerre. Vous, vous allez vous habiller en seigneurs...

Et il montre les costumes.

Les garçons passent des vestes de toutes les couleurs, ce sont des pourpoints, et des sortes de pantalons qui s'appellent des chausses. Ils enfilent des chaussures avec une pointe très longue et très recourbée.

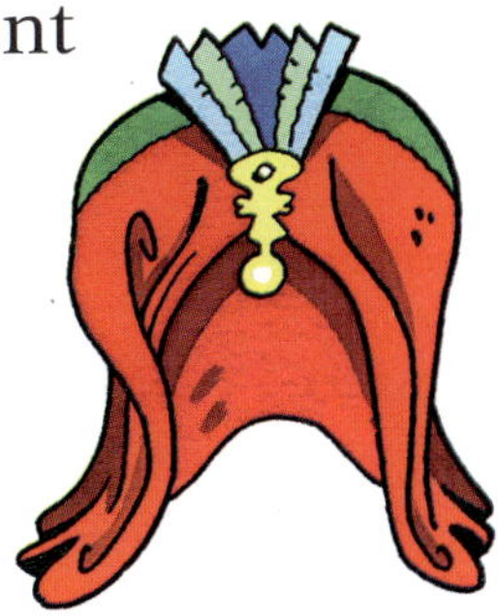

– Ces chaussures se nomment des poulaines, dit sire Gontrand. Nous, les filles, on met de grandes robes qui tombent jusqu'aux pieds et on se coiffe de chapeaux aux formes compliquées.

Même la maîtresse s'habille comme au Moyen Âge. Elle a une longue robe bleue et un chapeau pointu d'où descend un voile blanc. Elle ressemble à une fée, une fée maîtresse d'école car elle a son cartable à la main.

Le seigneur nous regarde d'un air très satisfait, puis il franchit une porte en disant :

– Si vous voulez bien me suivre à présent...

On essaie. On remonte nos robes longues pour marcher et les garçons, gênés par leurs poulaines, lèvent les pieds très haut.

On arrive enfin dans la cour.

ON JOUE COMME LES CHEVALIERS

– Et maintenant je vous propose un tournoi de chevaliers !

Le seigneur distribue des bâtons avec, au bout, une tête de cheval en chiffon. Je suis très déçue et je le lui dis :

– Ce serait mieux si on avait des vrais chevaux !

– Au Moyen Âge, explique le seigneur, les enfants s'entraînaient sur ces chevaux bâtons avant de pouvoir monter à cheval.

À son signal, on s'élance les uns vers les autres. Ce n'est pas facile de courir avec nos robes longues. Et les garçons sont gênés par leurs poulaines.

C'est la pagaille et la maîtresse déclare qu'il vaudrait mieux changer d'activité.

Le seigneur nous apporte alors une caisse remplie de balles.

– Maintenant vous allez jongler comme les vrais troubadours qui venaient distraire les seigneurs !

On essaie, mais c'est drôlement difficile. Une de mes balles rebondit sur la tête d'Aziz, avant d'atterrir sur le nez de sire Gontrand.

– Ce n'est pas grave, pas grave du tout ! nous rassure-t-il en se frottant le visage. Il vous manque juste un peu d'entraînement. Je vais vous montrer comment faire.

Il sait jongler avec plusieurs balles à la fois ! Mais il est tard et on commence à avoir faim. J'ai l'impression que la maîtresse s'impatiente aussi :

– Bien, il est l'heure de déjeuner, vous allez vous laver les mains.

Charles demande :

– Où se trouve la salle de bains, s'il vous plaît ?

– Il n'y en avait pas au Moyen Âge, explique le seigneur. Il fallait tirer l'eau au puits et c'est ce que vous allez faire.

C'est très dur de tourner la manivelle et le seau est lourd. Enfin, il arrive à notre hauteur. Sire Gontrand l'attrape et le pose devant nous. C'est la bousculade et certains sont éclaboussés.

– Elle est glacée ! se plaint Manon. On ne pourrait pas avoir de l'eau chaude ?

– Au Moyen Âge, les chauffe-eau n'existaient pas. Seuls les nobles comme moi prenaient de temps en temps un bain d'eau chaude parfumée. Vous avez terminé ? Nous allons passer à table. Si vous voulez bien me suivre à présent…

On lui obéit en se demandant ce qu'on mangeait au Moyen Âge.

– Pas des frites, en tout cas ! explique Charles. On n'avait pas encore rapporté chez nous les patates d'Amérique !

UN FESTIN DANS LE DONJON

– Et voici la grande salle du donjon où nous allons déjeuner comme au Moyen Âge ! annonce sire Gontrand.

– Pourquoi il y a toute cette paille par terre ? lui demande Aziz. Vous ne faites jamais le ménage ?

– Au contraire ! dit le seigneur. Le ménage vient d'être fait. On a répandu de la paille propre sur le sol afin de moins souffrir du froid. C'est aussi pour ça qu'il y a des tentures pendues aux murs. Un château fort est très difficile à chauffer et l'hiver y est glacial. D'immenses tables sont disposées en U.

– C'était ainsi pendant les festins du Moyen Âge ! précise-t-il. Prenez place, je vous prie.

C'est aussitôt la bagarre. On voudrait tous se mettre au milieu, à la façon des rois et des reines. Le seigneur, lui, décide de s'asseoir à côté de la maîtresse.

– Où sont les assiettes ? demande Manon. Et les fourchettes ?

– Il n'y en a pas. Au Moyen Âge, on utilisait des tranches de pain en guise d'assiettes. Et il n'y avait pas de couverts. On mangeait avec ses doigts !

– Il y a quoi au menu ? demande Charles.

– Qu'est-ce que tu préfères ? Du paon rôti, de la baleine salée, de l'écureuil bouilli ou du hérisson frit ? Sinon il y a de la tête de veau et des entrailles, c'est ce que mangeaient les pauvres les rares fois où ils avaient de la viande.

On prend tous un air dégoûté. À ce moment, une dame entre avec un énorme plateau couvert de frites et de poulets grillés.

– Il n'y avait pas de frites au Moyen Âge, bien sûr, explique sire Gontrand, mais j'ai pensé que vous préféreriez ça au hérisson frit.

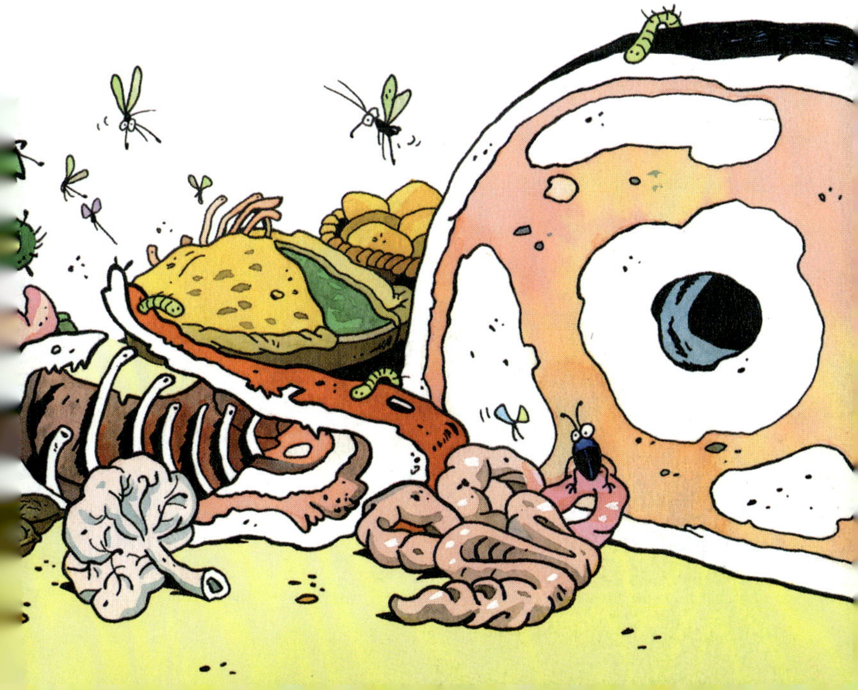

On se régale, surtout qu'on s'entraîne à manger avec les doigts, comme au Moyen Âge. C'est très facile et la maîtresse ne dit rien.

Au dessert, on a de toutes petites fraises.

– Ce sont des fraises des bois, nous dit le seigneur.

Puis, quand tout le monde a fini, il se lève de table et nous invite :

– Si vous voulez bien me suivre à présent...

Le fantôme des oubliettes

– Bon, nous allons maintenant descendre dans les oubliettes sous le donjon, déclare sire Gontrand. C'est là qu'on enfermait les prisonniers et les traîtres, et qu'on les oubliait... Surtout restez derrière moi.

On obéit sans discuter parce qu'on a un petit peu peur.

Les oubliettes sont très sombres. Une faible lumière qui se glisse par un minuscule soupirail éclaire une grille fixée dans le sol. Une affreuse odeur de moisi nous prend à la gorge.

– Attendez-moi ici…

Le seigneur vient juste de s'éloigner lorsque Léa pousse un hurlement. La maîtresse demande :

– Qu'est-ce qui se passe ?

– C'est Charles ! Il m'a fait peur.

Soudain, une voix sort de terre :

– Au secours ! À l'aide !

– Mais c'est le seigneur ! s'exclame Charles.

– Où êtes-vous, monsieur de Beaupavoi ? s'écrie la maîtresse.

– Sous vos pieds, au fond des oubliettes. Je suis tombé !

– Incroyable ! remarque Aziz. Une noix ne passerait pas par les trous de la grille !

La maîtresse se penche.

– Tout va bien, seigneur de Mortecourt ? Vous n'êtes pas blessé ?

Pas de réponse. On est drôlement inquiets quand, tout à coup, une voix retentit juste derrière nous :

– Coucou ! Devinez qui c'est ?

Une ombre effrayante se tient dans le rayon de lumière qui sort du soupirail.

– C'est le fantôme des oubliettes, gémit Manon, terrifiée.

Même la maîtresse devient toute blanche et tremblante.

– Mais non, n'ayez pas peur ! dit l'apparition. C'est moi, Gontrand. Je ne suis pas tombé, j'ai utilisé un passage secret. C'était une farce…

La maîtresse le regarde avec des éclairs dans les yeux tandis qu'il nous montre les escaliers.

– Si vous voulez bien me suivre à présent...

On se bouscule derrière lui. Pas question de se laisser enfermer dans les oubliettes.

UNE ATTAQUE SUR LE CHEMIN DE RONDE

On monte tout en haut du mur d'enceinte du château sur un passage très étroit.

– Nous voilà sur le chemin de ronde, explique sire Gontrand.

– Les soldats jouaient à la ronde ici ? je demande.

– Non ! Ils guettaient l'arrivée des ennemis. Regardez par les créneaux comme on voit loin…

On s'approche tous. Enfin, presque tous, car Aziz reste collé à la muraille. Il a le vertige.

– Là-bas, des ennemis ! Baissez-vous, vite ! crie le seigneur.

On s'aplatit sur le sol. Sire Gontrand, qui est resté debout, éclate de rire.

– C'était une fausse alerte ! Relevez-vous !

La maîtresse n'a pas l'air de trouver ça drôle.

– Eh ! s'étonne Charles, il y a des trous ici.

– Ce sont les mâchicoulis. Ils servaient à jeter toutes sortes de choses sur les ennemis qui attaquaient le château : des pierres, de l'huile bouillante… Si vous voulez, je peux vous faire une démonstration.

La maîtresse intervient aussitôt :

– Ce n'est pas la peine, on va plutôt redescendre et finir la visite.

– C'est ça, approuve le seigneur. Si vous voulez bien me suivre à présent, je vais vous montrer une machine étonnante...

Il nous regarde avant de répéter :

– Une machine...

– Du Moyen Âge ! on s'écrie tous en chœur.

LA CATAPULTE À CARTABLE

C'est une très grande machine qui fait presque le double de lui.

– Et voici une catapulte, nous dit sire Gontrand. Cette machine servait à lancer des pierres pour détruire les murailles des châteaux ennemis. Je vais vous montrer comment elle fonctionne.

La maîtresse pose son cartable et nous fait reculer le plus loin possible.

Le seigneur tourne une manivelle. Le bras de la catapulte descend et le ressort se tend. Puis il soulève sans effort une énorme pierre et la brandit au-dessus de sa tête.

On le regarde, éberlués.

– Lancer une vraie pierre serait trop dangereux, explique-t-il. Celle-ci est en plastique, bien sûr.

Il la place dans la cuillère qui se trouve au bout du bras.

– Attention !

Il tire sur un levier et...

... le bras se projette en avant et envoie la pierre au loin.

– Venez voir la catapulte de près maintenant.

Tandis que le seigneur nous montre comment remettre le bras en position de tir, Aziz s'écrie :

– Là-haut, il y a un rapace ! On chassait bien avec des rapaces au Moyen Âge ?

– Oui, à l'aide de faucons, précise sire Gontrand.

Alors qu'on lève les yeux pour regarder l'oiseau, on entend un bruit bizarre et on voit un objet s'envoler au-dessus de nos têtes.

– Mon cartable !!! panique la maîtresse.

Le seigneur éclate de rire et sort le cartable qu'il avait caché derrière son dos.

– Mais non ! Le voici ! J'ai envoyé un carton à la place.

– C'est une farce du Moyen Âge ! on crie tous.

Quand on remonte dans le car, on est drôlement contents. On a vraiment eu l'impression d'être au Moyen Âge. Seule la maîtresse a l'air un peu fatiguée. En arrivant à l'école, Aziz se penche vers moi, les yeux brillants :

– Vivement la semaine prochaine. On visite une grotte et on pourra jouer aux hommes préhistoriques !

Achevé d'imprimer en France
par I. M. E. en septembre 2004
Dépôt légal : octobre 2004
N° d'édition : 4082
N° d'impression : 17679